Ce Carnet
Appartient À :